andreas thürnbeck

: leben :
: lust : leid : liebe :

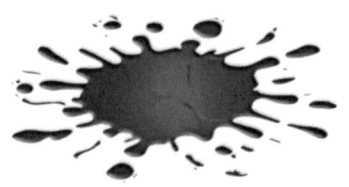

Bibliografische Information
der Deutschen Nationalbibliothek:

Die Deutsche Nationalbibliothek
verzeichnet diese Publikation in der
Deutschen Nationalbibliografie.
Detaillierte bibliografische Daten
sind im Internet über
http://www.d-nb.de abrufbar.

Alle Rechte der Verbreitung, auch
durch Film, Funk und Fernsehen, fotomechanische Wiedergabe, Tonträger, elektronische
Datenträger und auszugsweisen
Nachdruck, sind vorbehalten.

© 2009 novum publishing gmbh

ISBN 978-3-99003-018-9
Lektorat: Sigrid Jost-Topitsch

Gedruckt in der Europäischen Union
auf umweltfreundlichem, chlor- und
säurefrei gebleichtem Papier.

www.novumpro.com

AUSTRIA · GERMANY · SWITZERLAND · HUNGARY

: leben : lust :

Meist ist die Lust zum Ende
das Ende der Lust

Ich war drüben
ohne Schmerzen
ein einfacher Schritt
totale Stille
endlose Straßen
trübe dämonische Lichter
ohne festen Standpunkt
unsichtbar
ich hatte Angst
doch die Neugierde war stärker
kein Zeitgefühl
sorgenlos im düsteren Niemandsland
den Pfad der Ahnen gegangen
ein kurzer Besuch
die unendlichen Weiten ertastend
die unglaublichen Gefahren erahnend
unversehrt wieder zurück
jetzt habe ich keine Angst
jetzt habe ich Lust.

Und die Nacht sollte niemals enden.
Augen sahen den Regen der Sterne
spiegelnd unbefleckter Schimmer
fallend doch nicht gefallen
verspielt und doch klar
und die Nacht sollte niemals enden.
Herzen spürten den Zauber der Sterne
träumend unberührter Sinn
bezaubernd und verzaubernd
so weit und rein
so zart und wahr
und die Nacht darf niemals enden.

Moribundus

Das Licht im Auge verblasst,
eine Glocke klingt irgendwo
in unvorstellbarer Ferne,
aus der Finsternis der Welt unter der Welt
setzt er seinen Fuß auf die düster gewordene Erde,
sie zittert, sie bebt,
tief in meiner Erinnerung liegt das Bild
seiner letzten Wanderung verborgen,
mein Herz windet sich,
meine Seele wird nicht fliehen können,
er mäht die Herzen,
seine Sensen sind scharf,
sein Blick eisern,
seine Schritte bestimmt,
kein Zögern, kein Entkommen,
ein Brausen und kein Atmen mehr,
ein Blick und kein Sehen mehr,
eine Bewegung noch und dann – endlose Stille,
düster sind die Schatten, die er wirft,
und seine Schatten erwachen,
sie erheben sich
und folgen ihm auf seiner Wanderung,
um ihm der Herzen Tränen darzubringen,
bald wird keine Regung mehr zu entdecken sein –
das Ende eines Gelebten,
letzter Traum eines schwach werdenden Geistes,
der Bilder der Zukunft
in sein Gehirn gebrannt bekommt
und den Gestank seiner verglühenden
Denkkraft riechen muss,

alles brennt lichterloh,
Schmerz im Herz, Krampf im Verstand,
oh Gott, wo liegt der Himmel in dieser Hölle,
„Finde dein Himmelhöllenreich",
schreit ein feuriger Rabe
und hackt mir ein Auge aus,
„Hast du es bis jetzt nicht gefunden,
sollst du halb so viel sehen,
um es doppelt so schwer zu haben",
Blut läuft über meine linke Wange,
Tränen über meine rechte,
ich beginne zu laufen,
Knochen splittern unter meinen Füßen,
eine weiße Fee winkt mir aus der Ferne zu
und dann – steht er vor mir,
ich bin am Ende unserer Wanderung,
ich knie nieder und senke mein Haupt,
demütig erwarte ich den letzten Streich,
wahr ist, er kann nur den überraschen,
der nicht vorbereitet ist.

Lust ist ein Prinzip.
Und zwar der Weg zum Alles.
Und dann ist alles Lust.

Der Realitäten Irrsinn in Ferne weit,
verrückt nach dem einen Gedanken,
dem einen, der mich befreit.
Ich bitte, nein, ich flehe um Unsterblichkeit,
um ihn denken zu können,
denn aller Wahnsinn liebt die Ewigkeit.

Ein Herz ich berührte
und mit Sinn verführte
kann denn Liebe tödlich sein?
Schrei es hinaus,
sag, was du siehst,
sag, was du fühlst,
sag, wie frei du bist,
folge mir jetzt,
egal wie tief es geht,
egal wie weit es geht,
wir werden uns befreien,
willst du mich berühren?

Was war das Versprechen?

Ich bin am Weg,
bereit dich zu lieben.

Die Nacht, mein Lebensgrund
da tanz ich nun zu jeder Stund'
und sag: grüß dich, Niemandsland
nachtfarben, Herzen und Gewand
so wandle ich dahin
denn ich bin, was ich bin
ein Wanderer im Niemandsland
nachtfarben, Geister und Gewand
die Nacht, mein Lebensdrang
und ewig schreit in mir der Zwang
zu wirbeln rücklings übers Grabe
ich, der alte blinde Rabe
nachtfarben, Seelen und Gewand
ein Wanderer im Niemandsland
doch so bin ich
und so will ich sein
die Nacht und ich allein

Als ich dich sah
war mir
als würde ich einen Engel sehen
als du zu mir sprachst
war mir
als würde ein Engel durch mich hindurchgehen
als ich dich spürte
wusste ich
du bist mein Engel.

Alleine Missgunst ist nicht genug in dieser Welt
Neid mischt sich unweigerlich in das erregte Blut
doch sollte Freude auf den Bannern stehen
und nicht die gelbe Flagge wehen
doch was siegt?
Die pure Lust
so ist's oft geschehn
und so wird's wieder sein – wirst sehen
der Mensch ist und bleibt gemein.

Jeder Tag ist eine Offenbarung, ein neues Spiel,
dem du dich stellen kannst,
denn nur, wenn du spielst,
hast du die Aussicht auf Fortschritt
auf deinem Weg,
und jeder kleine Schritt zählt, bringt dich näher,
näher nicht dem Ziel,
denn das Ziel ist nicht verankert,
sondern eine stetige Bewegung,
ein ständiges Verschmelzen,
ein dauerndes Sichformen,
Geborenwerden und Wiedersterben,
das Ziel ist die Bewegung
und die Bewegung ist das Ziel
und so braucht jedes Spiel
von Neuem Selbstüberwindung,
jeder Beginn braucht neue Kraft,
jeder Anfang Überwindung,
neue Konzentration und neue Orientierung,
was war, zählt nicht mehr,
was ist, hat Wirkung,
und was sein wird,
ist die Ursache der nächsten Ordnung
und erfordert wieder neue Ausrichtungen,
neue Selbstüberwindung,
denn das Werk ist nicht vollendet,
ist einmal es vollbracht,
jeden Augenblick aufs Neue eine Windung,
die es zu gestalten gilt,
Fortschritt über alle Windungen des Selbst hinweg.

Friedhof

Am Totenacker
gepflanzt die Steine der Erinnerung stehn
mit der Hoffnung
auf ein fernes Wiedersehn
graviert in kalten Stein.

Am Seelenfeld
die Achtung vor den Toten gedeiht
der stehend' Stein
Schmerz und Erinnerung vereint
und der Endlichkeit des Leids geweiht.

Am Knochenhain
die marmornen Steine
des Gedenkens stehn
und lassen alles Leben
schier stumm an sich vorübergehn
doch ihre Augen schlafen nicht
und fällt auf sie in düstrer Dunkelheit
des ganzen Mondes Licht
scheint alles Leben wieder in seiner Endlichkeit.

Die Nacht mich umspielt,
und begehrend tanze ich
im Zauber der Musik,
mit jeder Faser hänge ich
an diesem Takt der Zeitlosigkeit
und lausche seiner Endlichkeit,
weil in mir ein Teufel schlummert,
den kein Musiker sich je getraut zu vertonen,
so unerfüllt und ungeboren höre ich
die dreihundertste Symphonie und finde
kein Erbarmen,
finde kein Erlangen,
finde keine Ehrfurcht,
nur ein ewig wiederkehrendes Thema,
die Macht, die ich nicht kenne,
mich weiter macht zu dem,
was mir zu schaffen macht,
die Macht, die ich nicht weiß,
mich weiter macht zu dem, was ich bin,
mit einer widersprechenden Gewissheit
über die Ungewissheit
im Zauber der Musik.

Ich gehe unter einem Baum,
vielfaches Wurzelwerk,
vielleicht der Urbaum?
Viele mächtige Stämme,
viel verzweigt in alle Richtungen,
wird Wurzel zu Stamm.
Unmerklich,
wie wenn der Baum
während meiner Betrachtung wachsen würde,
der Baum lebt
seine Blätter flüstern das Lied des Werdens,
jedoch plötzlich ziehen sich die Äste zusammen,
wie eine Blüte schließt sich der Baum
und schließt mich ein,
der Stamm nimmt mich auf,
die Äste dringen in meine Adern,
Blut wird vom Stamm aufgesaugt,
und ich werde zu einem Gefangenen im Baum
und nur ein Auge bleibt frei,
und mit diesem
kann ich durch ein Astloch hinausblicken,
und dann spüre ich ihn ein Wort sagen:
Vendetta

Die grauen Frauen

Entfärbt hat der Lebensregen
ihre Häupter
doch nicht farblos tanzen ihre Strähnen
im Wind der Zeit
die Sonne gibt ihren grauen Schwertern
Kraft und Glanz
und nächtens glimmen sie
als Zeichen der Zeit noch weit in alle Ewigkeit
die grauen Frauen
in Ruhe in die Zukunft schauen
die grauen Frauen
der Zeit einfach vertrauen

Nicht jeder Morgen bringt Zukunft,
nicht jeder Fluss führt zum Meer,
nicht jeder Mensch hat ein Leben,
nicht jeder Tod ist ein Abschied,
nicht jede Nacht ist finster,
nicht jedes Leben hat Bestimmung,
nicht jeder Traum wird geträumt,
nicht jedes Sein ist endlich,
nicht jedes Tun ist Schaffen,
nicht alles ist alles nichts,
und nicht jeder Satz hat Sinn.

Jeder Mensch hat seine Geschichte
und diese umgibt ihn wie ein Körper
um seinen Körper
als Betrachter aber sehe ich immer nur
den Schatten seines Jetzt
beleuchtet durch das momentane Licht
seiner Persönlichkeit
geworfen von der Gestalt, die er im Moment
von sich erzeugen kann oder will
jedoch die unbeleuchteten Teile
bleiben für mein Auge unsichtbar
und so ist jeder Mensch unfassbar.

Ein Tag zum Verlieben
Bilder vor Augen und Seele
jedoch unhaltbar
weil trüb, verwackelt und fern der Erfahrung
eine Taube tanzt
am Treppengeländer des Lebens
ein Tag zum Verlieben
Wolken ziehen
und Träume wachsen
jedoch unhaltbar
weil lose, unstet und fern jeder Erfahrung
rote Federn wehen
sinken entkörpert auf die Stiegen des Lebens
ein Tag zum Verlieben
ein Tag, sich in den Tod zu verlieben.

Blutsauger

Rotes Leben fließe in mich
du rote saftige Frucht
deiner Adern rote Rosen
deines Atems roter Duft
kommst über mich
ersehne den schwachen Hauch
einer erstickenden Seele, die um Hilfe schreit
rotes Leben fließe in mich
ein kerzendüstrer Saal.
Knochengeläut und Gedankengewirr
in meinen Träumen rinnt das Blut
mein Mädchen, gib mir, gib mir alles
jaaaaa
und nun zum Totentanz
erhitzt von deinem Blut
mein Geist im Veitstanz
nach dem jungfräulichen Leben lechzt
es gibt nur ein Entrinnen
es gibt nur einen Fluss
es gibt nur einen Mund
und der will ich dir sein
dein rotes Leben
in mir schreit
schreit nach Erfüllung
nach ewigem Sein
und nach der Erinnerung
nach mir und meinem Leben
rotes Leben fließe in mich.

Die Flüchtigkeit der Zeit
lässt meist nicht viel Zeit
zuerst ist immer der Drang
den Schleier der Zeit zu lüften
und dann
dann liegt der entzeitete Raum zwar
wundschön vor mir
aber eben schon fast in der Vergangenheit
und ich erkenne immer erst dann
was ich alles tun hätte können
in dieser Zeit
aber die Zeit den Raum zu betreten ist vorbei
flüchtig ist alles
alles ist vorbei
jetzt.

Tief in meinem Inneren fühle ich Kraft,
tief in meinem Inneren spüre ich Liebe,
tief in meinem Inneren sehe ich Blumenwiesen,
tief in meinem Inneren zaubert ein Geist,
tief in meinem Inneren höre ich Melodien,
tief in meinem Inneren verstehe ich
die Sprache des Lebens,
tief in meinem Inneren trage ich Verantwortung,
tief in meinem Inneren leide ich,
tief in meinem Inneren verletze ich,
tief in meinem Inneren weiß ich
auf alles eine Antwort,
tief in meinem Inneren spüre ich den Tod,
tief in meinem Inneren habe ich Macht,
tief in meinem Inneren trage ich ein Geheimnis,
tief in meinem Inneren bin ich.

Was soll ich noch länger warten?
Was muss ich denn noch tun?
Kommt er nun endlich?
Wie groß muss mein Hass auf mich selbst sein,
um mir das weiter zuzufügen?
Wie wenig muss ich mich selbst lieben,
um mir das alles zuzufügen?
Langsames Verstümmeln
mein böses, nicht kontrollierbares
worauf wartest du noch,
was muss ich noch tun?

Ich bin da,
spürst du mich denn nicht?
Ich bin, was sein wird,
und es wird nicht ohne Schmerzen sein.

Denker. Spötter. Liebender.
Lacher. Gefühlsmensch.
Ich.
Zyniker. Freund. Verachter.
Schwein. Kläranlage.
Ich.
Ruhepol. Vertrauter. Irrer.
Feind. Beobachter.
Ich.
Rastloser. Maßloser. Schwärmer.
Zärtling. Raubtier. Mensch.
Ich und nicht ich.

Im Zweifel des Selbst
ein Spiegel ohne Reflexion
im Gefäß ist nichts
und dieses Nichts wächst
droht die Hüllen zu zersprengen
im Raum ohne Zeit
breitet die Angst sich aus
durchdringt alle Ebenen
und sickert letztlich durch
bis zum zarten Kern
zersetzt langsam das letzte Element
und vollendet die Zerstörung
und der Spiegel zerbirst
Splitter bleiben im Raum haften
und Scherben liegen in der Zeit verloren
die Angst siegt immer
ohne Zweifel.

Meine Welt geht dahin
keiner kann mir sagen wohin
und immer noch ich bin
Wer bin ich?
Wo bin ich?
Die Welt sich bewegt
alles sich dreht
und meine Seele im Regen der Veränderung
nach dem Morgen sucht
keine Ahnung vom Morgen
keine Erinnerung an die Nacht
und doch der Veränderung bewusst
meine Welt geht dahin
ich liebe die Erinnerung in meinen Armen
ich liebe die Geborgenheit im Bewusstsein des
Gestern
doch ich schreite weiter
ich will den Schritt
ich will den Weg
ich will mich wollen
ich will mein Ziel
und sei der Weg auch noch so hart
und sei der Weg auch noch so weit
ich will dort sein
ich will ankommen,
auch wenn das Ziel ein weiterer Anfang ist,
so schreite ich dahin

entgegen dem Einzigen und Endgültigem
doch auch dieses Ziel ist ein Weiter
ich will den Schritt
ich will den Weg
ich will alles.

Es kommt oft
ohne Vorwarnung
fast rücksichtlos
mit Wucht und Kraft
diese Leidenschaft
wie aus dem Nichts
und durchströmt mein Denken und Tun
voll Lust und Spannung und Entspannung und Liebe
und lässt mich erschöpft zwar
aber immer mit einem Himmel voller Eindrücke
in meinem Herzen
und einem Meer voller Gefühle
in meiner Seele zurück
so geschwind sie kommt
und einfach dann hier sitzen
und mein Gesicht strahlen lassen
und meine Seele lächeln lassen
und mein Herz lieben lassen
leidenschaftlich.

Meine Art zu leben ist Übung.
Meine Übung ist zu sein.
Zu leben ist Übung.
Und Übung ist Leben.
Und ich bin ein Meister, der übt.

Durch meine Adern fließe ich,
durch meine Gedanken ströme ich,
durch meine Sinne erfasse ich,
durch meine Träume denke ich,
durch meinen Verstand entwickle ich,
durch meine Traurigkeit erfahre ich,
durch meine Liebe erzeuge ich,
durch meinen Glauben handle ich,
durch mein Tun werde ich,
durch mein Leben bin ich,
durch meinen Tod sterbe ich,
durch mein Leben war ich.

Und so bin ich
im Geiste meiner Ahnen
der Weg, den ich schaffe
indem ich ihn beschreite
vorantreibe
hinein ins Dickicht des Lebens
durch unwegsames Gelände
über Berge und Täler der Erkenntnis
durch weite Wälder und tiefe Seen
gerichtet auf ein
immer unsichtbares Ziel:
mein Ich
schmerzvoll und erhellend
mühsam und freudig
erfahrend und vernichtend
und so bin ich
und werde, was ich sein kann
ein Weg unter vielen.

Das Werden kann nur werden
mit Bedachtnahme auf das Sein
und sein kann nur, was geworden ist
um werden zu können, was sein wird.

Ich trage etwas in mir
ich spüre es
einen Keim, eine Idee, eine Bestimmung
etwas zu tun
etwas zu schaffen
vielleicht auf den verbotenen Tasten zu spielen
vielleicht auf den verlorenen Pfaden zu gehen
vielleicht die vergessenen Winkel zu entdecken
vielleicht zu finden
was nicht gefunden werden soll.
Ich bin gespannt
und arbeite daran
es tut weh
es hilft
es verstört
vielleicht soll es so sein
weil ich es bin.

Zu Tode geschaut
durch den Blick der Medusa
im Wasser der Veränderung
versteinerte Mahnmale stehn
nun zu ewiger Sühne verdammt
und ihre traurigen Augen
blicken jetzt regungslos
zum unerreichbaren Himmel
und blicken ins Unwerdbare
unerfüllbares Verlangen
in ihren Augen brennen
ein Leben verschaut
und nun für immer gerichtet
zur steinernen Form verflucht
und jetzt umspült vom verlorenen Wasser des Lebens
inmitten und doch nicht teilhaftig
wie einst
das Leben betrachtet und nichts gesehen.
zu Tode geschaut
und nun – vorbei
der Blick der Medusa richtet
doch ihr Blick ist nicht achtlos
ist nicht wahllos
ist nicht grundlos
in des Neugierigen Gesicht
blickt Medusa nicht.

Da ist so viel Durcheinander
in meinem Kopf
für mich
da ist so viel Irrsinn
in meinem Kopf
für mich
so viel Schmerz
so viel Spaß
so viele Gefühle in meiner Brust
so viele Unmöglichkeiten
für mich
so viele Erinnerungen in meiner Seele
so viele Gebilde
die ich Worte genannt bekommen habe
und ich habe nur eine Sprache
für mich
dieses Viele in alles zu fassen
für mich
doch kann ich nur alles zu einem machen,
zu Worten Reihe an Reihe
wie Engel ziehen meine Worte
durch die Ebenen meiner Gedankenwelten
und grüßen die Vielfältigkeit
im Bewusstsein ihrer Nichtigkeit
für mich.

So schön
ich war endlos lange ewig tief unten
und es liegt nur an mir
ich war verdammt beständig dazwischen
und es liegt nur an mir
was will ich?
Komm schon – befreie mich
ich sage: Befreie mich!
Finde den zerbrochenen Schlüssel
um mich zu befreien
kein Weg ist ungehbar
benutze den zerbrochenen Schlüssel
und öffne das vergessene Tor
du gehst allein und durchschaust mich
denkst du achtlos
ich war endlos lange ewig tief unten
ich war verdammt beständig dazwischen
und es liegt nur an mir
jetzt willst du auf die Knie fallen?
Dann knie nieder
komm schon, gib mir deine Liebe
denn dein Leben will ich nicht
ich war endlos lange ewig tief unten
so schön
und es liegt nur an mir – es liegt nur an mir
komm schon, befreie mich
oh, du mein Selbst
so entsetzlich schön.

Thanatos treibt mit Schmerz
und Eros mit Lust
mich zurück in die Urhöhle
zurück nach vorne in die Mutter der Mutter
nicht Freiheit
sondern Wille
eingekratzt in die dünne Brücke
zwischen Verstand und Trieb
gelebt?
Mit Schmerz und Lust
zurück nach vorne

Mr. Mojo Risin

Im fernen Arden
als Idee seiner selbst erwacht
blickt auf die darbenden Augen
und lacht
einst ein Wesen aus Erde
erhob er sich im fernen Westen
kraftvoll wirksam und unheimlich
laut und erregend
zieht er seine Bahnen unbeirrt
und streift durch die Nacht
macht Denken zum Fühlen zum Werden zum Sein
und weinte doch
vor Lust und Schmerz
mit der unwiderstehlichen Kraft des Wolfes
unzähmbar lauernd gefährlich
dem Mond verbunden
mit Schmerz und Lust
zieht er durch die Nacht
macht Weinen zum Leiden zur Erneuerung zum Sein
und lebte doch
mit der schwarzen Schlange
als ständigem Begleiter
am Weg zum unaufschiebbaren Tode
im Nachen des Westens
an seinen Ufern
fanden sie sich dann ein
gewaltig regungslos und unheimlich
still und stark
ein Schmetterlingsschlag im Universum
vorbei

die Macht des Schamanen
in fernen Welten lebt
in nahen Herzen treibt
in nahen Seelen wächst
im fernen Arden wacht
und brennt durch die Nacht

Mein eigener Vater werden
im Werden meines Lebens
den Weg finden
und nach dem Finden
den Weg anlegen
und dann den Weg bestreiten
nicht fliehen
mich selbst lieben, um mit mir gehen zu können
nur wer sich selbst liebt
darf glücklich sterben
und dann sah ich meinen Tod
und er lächelte

Ausbrennen für alles, in allem, zu allem.
Denn wozu kargen?
Allein in fremden Straßen.
Allein in fremden Tagen.
Aber doch da.
Da sein.
Man muss immer da sein.
Es geht nämlich um nichts,
nur ums Leben.

Das Ende der Lust

: leben : leid :

Leid
Schmerz
Leiden schafft

Was wäre, wenn ich wüsste,
wann ich gehen kann?
Wäre ich glücklicher?
Wäre ich hassender?
Wenn ich wüsste, wann ich gehen kann,
wäre ich toter?
Wäre ich liebender?
Wäre ich lebendiger?
Wenn ich wüsste, wann ich gehen kann,
wäre ich zeitiger,
wäre ich vorsichtiger und rücksichtsloser?

Einen Leichenstein will ich mir suchen
will ihn setzen dann
auf mein bleich' Gebein
was soll er sagen
wofür soll er stehn
will wohl gründlich suchen
muss ich ihn doch auf ewig tragen
soll er aus Marmor sein
Dunkel scheinend und fein sein
oder gar aus Gold sein
funkelnd glänzend und rein sein
oder schlicht aus Holz sein.
einen Leichenstein will ich mir suchen
ein Gebild vielleicht aus Fleisch und Blut
wäre das nicht gut
auf ewig gekettet an mein tot' Gebein
eine Menschheit von jungem Leben
mit weißem Haar und Augen von roter Glut
Galle speiend, Rotz und Wasser heulend
und mir ewig Leben gebend.
Nein, einen Leichenstein will ich mir suchen
einen, der mich nicht verklärt
mir keine Lust verwehrt
und mit mir in Ewigkeit währt.
einen Leichenstein will ich mir suchen
vielleicht, so denke ich
nehm ich doch mein eigen bleich' Gebein
leg mich selbst auf mein kaltes Grab

blutarm und fahl und kahl
und winke jedem ab:
Kannst ruhig weiter gehn,
hier gibt's nichts zu sehn.

Der Vogel am Ende der Luft nicht mehr fliegt
seine Schwingen im Boden begraben
und nur die Stirn zum Himmel noch zeigt
sein Schrei hallt durch die Erde.
Schmerz war Lust, einst
im Himmel
und Blut tropft in den Schlund der Mutter
Leben war Schmerz, immer
nicht im Himmel
dort war Freiheit
bis zum Horizont
denn dort trifft der Vogel die unbarmherzige Erde
nicht sanft, nicht schrecklich, einfach
unfreiwillig und endgültig begräbt er sich
und schreit den Ton des Todes
den jedes Leben in sich trägt
und am Ende der Luft
ist der Anfang der Ewigkeit.

Der Ruf des Todes
dröhnt mir als zukünftiges Echo fern im Ohr.
Vielleicht verstecke ich mein Herz vor ihm
meine Seele soll ihm genügen
mein Herz gehört nur mir.

Der Tod kommt langsam
wie eine laszive Hure
betört er mich sanft und sexy
schleicht um mich herum
macht mir schöne Augen
erregt mich
lockt mich, um mich dann
kurz davor wieder zurückzuweisen
alles ist ein Spiel
es ist faszinierend schön
er lässt mich ahnen
lässt mich hoffen
lässt mich wünschen
lässt mich begehren
ahh ich will dich
und dann schlägt er zu
kein Spiel, kein Sex & nicht langsam.

Zuerst war das stille Sehnen
wie ein vergessener Traum, so fliehend
wie ein fernes Ahnen, so jenseitig
wie eine durch den Nebel
immer näher kommende Gestalt
mit sich immer mehr verdichtender Kontur
und dann war da das sanfte Begehren
wie ein neuer Sonnenaufgang, so schön
wie ein sich lüftender Schleier, so erotisch
Blicke zum Herzen eröffnend
ein Ritter im Geiste
den Pfad der Tugend beschreitend
mit festem Schritt und dem ehrbaren Ziele vor Augen
und dann, dann kam das wilde Verlangen
feurige Leidenschaft verwirrte die Sinne.
Erfüllung als einziges Ziel
nun ein Sklave meiner Triebe
und nur besitzen war alles
im Feuer verbrannte die letzte Besinnung
und das nicht erlangen,
das nicht zu erlangen war
und dann kam das Töten
eine Bestie im Fleisch
zwar mit Reue, aber ohne Buße
und am Ende war wieder nur das einsame Sehnen.

Manche Menschen töten
töten, was versucht zu werden
töten, was sich bemüht geboren zu werden
manche Menschen töten
töten ihr werdendes Selbst
weil ein Werden mehr schmerzen würde
als das Töten
und das Töten schmerzt weniger
als das Lernen, sich zu lieben
darum töten manche Menschen.

Mein Verlangen nach Leben ist unersättlich
vielleicht weil ich mein Sterben schon weiß
vielleicht weil mit dem Beginn
das Ende schon bestimmt wurde
vielleicht weil die Sehnsucht
die Gewissheit zu blenden versucht
mein Verlangen nach Leben ist tödlich
vielleicht weil ich ein teuflischer Engel bin
vielleicht weil ich nur die Idee eines Gottes bin
vielleicht weil ich nur der Albtraum
eines Menschen war

So oft von ihm geträumt
seine Macht
stolz und edel gedacht
so oft nach ihm gesehnt
früher
ich Ahnungsloser
gestern Nacht war er bei mir
ließ mich kosten
vom bittersüßen Trunk
zuerst war noch Neugierde
erstaunlich einfältig ertrug ich sein Kommen
ich erbärmlicher Narr
langsam, ganz langsam
trieb er mir seine ehernen Klauen durch den Hals
und die Neugierde wurde schonungslos überrollt
von entseelendem Schmerz
eine endlose Ewigkeit lang
und dann ließ er mich aufgespießt
einfach so liegen
mein eigen Blut trinken & atmen
schreien war unmöglich
leben tat weh
sterben war unmöglich
atmen tat weh
elegant erbarmungslos
zog er die Klauen dann gemächlich vor und zurück
und zersägte einfach meinen Willen
und jeder Gedanke wurde zum Schmerz
und jeder Schmerz war wiederum
einen Gedanken wert

so unermesslich
so entsetzlich
und dann, dann lächelte er
und erlöste mich langsam
jede Faser in mir schien auszuatmen
nun bin ich nicht mehr neugierig.

Wir Menschen schlafen Zeit
unseres Lebens nicht richtig.
Erst wenn wir tot sind.
Dann aber wirklich.

Wenn Menschen sterben,
dann lösen sich manche in Luft auf.
Andre lösen sich in Lust auf.

Seit gestern Nacht
bedeckt nur mehr Haut die rote Wunde
keine Macht die Angst mehr hat
keine Nacht mich die Angst mehr hat
weil meine Liebe siegt
alles Sein ist Staunen
und der Pfeil ward abgeschossen
doch heute Nacht
die rote Wunde wieder pocht
aber mein Leben alle Angst besiegt
denn ich weiß, dass meine Liebe siegt
alles Sein ist Staunen
und der Pfeil ward im Wind
und morgen Nacht
die tote Wunde endlich ruht
denn alles Sein ist Staunen
weil meine Liebe siegt

Manchmal war ich der Wahrheit auf der Spur,
das wusste ich,
weil ich gelegentlich Schmerzen spürte,
früher konnte ich zwischen mich
und die Wahrheit eine Schutzschicht bringen,
seit ich geträumt habe, wie es sein wird,
wenn ich tot bin,
will ich das nicht mehr.

Immer mehr dazwischen
nicht immer mehr müssen & tun & denken & wollen.
Nein
wovon ich mehr brauche, ist das Dazwischen
das Dazwischensein
das Dazwischenleben
immer mehr dazwischen
wo ist der Wald?
Zwischen den Bäumen
wo ist die Geschichte?
Zwischen den Blättern des Buches
wo ist der Sinn?
Immer mehr dazwischen

Ist in meinen Adern einst kein Traum mehr
ist alles Leben nur noch wortloses Weilen
kann meine Tiefe noch so dunkel sein
so stürmt in mir ein gewaltig Gefühl: einfach sein

Ist in meinem Herzen einst keine Liebe mehr
ist alles Leben nur trostloses Treiben
kann mein Zweifel noch so unendlich sein
so treibt mich ein mächtiger Mut: Sei einfach

Ist in meiner Seele einst keine Zuversicht mehr
ist alles Leben nur noch düsteres Dulden
kann mein Hoffen noch so unvollkommen sein
so jagt mich doch eine irre Ahnung
so lockt mich doch diese zauberhafte Idee:
einfach sein
so einfach

Der Schmerz hat Erinnerung
einen Kreis
mit gleißend eiskaltem Kern
der, wenn ich an ihn denke
zu wachsen beginnt und mich überrollt, eisig & heiß
der Schmerz macht Erinnerung
eine Welle
mit einem stillen stürmischen Druck
die, wenn ich an sie denke
zu wachsen beginnt und mich niederwirft,
stürmisch & still
der Schmerz ist meine Erinnerung
ans Leben.

Weißt du: Ich will dir nicht weh tun.
Sprach's mit den Klauen in meinem Fleisch.
Weißt du: Ich will dich nicht quälen.
Sprach's mit den Zähnen in meiner Brust.
Weißt du: Ich werde dich töten,
mit meiner Liebe, sagte ich.

Nur durch die Finsternis der Nacht
weiß ich, wie hell der Tag ist
nur durch das Schweben in der Leere
weiß ich von der Fülle der Liebe
nur durch den Schmerz
weiß ich, wie wertvoll Leben ist.

Das Komische ist,
dass ich jeden Moment sterben kann.
Das Komische ist,
dass ich jeden Moment nicht sterben muss.
Das Interessante ist,
dass ich oft zu sehr im Vergangenen
oder zu sehr im Zukünftigen versuche zu leben
das Wichtige lebt im Jetzt.

Es ist immer beides.
Es ist immer Schicksal & Zufall.
Denn ich brauche das Schicksal,
um dem Zufall zu begegnen,
und den Zufall, um das Schicksal zu erfüllen.
Also ist alles immer da, sowohl als auch.

Hellsichtigkeit, was danach kommt?
Wozu?
Wir müssen unsere Taten & Nichttaten
hier und jetzt tun
& dazu stehen

In stillen wie in lauten Tagen
will stets ich mich um meinen Wahnsinn sorgen
denn nur wer unbeirrt seiner Seele wilde Blüten sucht
kann allen Zeiten trotzen
und mit Freude im Sinn
büßen alle süßen Träume ihre Hoffnungen
nicht ein, sondern ganz und gar
und jeder Traum findet zurück
zurück zum seligen Ursprung
seiner verrückten Wahrheit
und am Morgen, dann,
wenn die grellen Lichter verstummen
und der trübe Dunst sich hebt
still und laut zugleich
will stets ich mich um meinen Wahnsinn sorgen
denn nur wer unbeirrt seiner Seele wilde Triebe pflegt
kann allen Zeiten trotzen
und mit dem Morgen ahnt das Herz die Wahrheit,
ohne Angst
ohne Angst ist alles rein, ist alles unbegreiflich
doch dann wächst langsam
der Tag in die Welt & die Angst wird geboren
also ist Angst nicht ursprünglich
denn am Anfang war der Wahnsinn
& am Ende ist die Angst
und mit dem Tod des Tages
stirbt auch die junge Hoffnung

& die Wahrheit macht den Wahnsinn unendlich
in stillen wie in lauten Tagen
will stets ich mich um meinen Wahnsinn sorgen
denn nur wer unbeirrt seiner Seele wilde Ängste sucht
kann allen Zeiten trotzen.

Mir schweben so viele Dinge vor,
doch tun werde ich einfach die, die zu mir kommen,
als wäre da eine Stimme, die sagt:
Ehre die Schönheit des Einfachen,
wahrhaftig mit deinem flammendem Blick
der jungfräulichen Betrachtung,
denn dadurch entsteht ursprüngliche Freude, einfach,
und diese wiederum ist Voraussetzung für dein Glück,
eigentlich ganz einfach.

Ich war im Tal der Tränen
ganz allein mit mir und meinem Schmerz,
ich war an der Grenze zur ewigen Nacht,
ein Blick reichte,
um mir die Liebe zum Licht zurückzubringen,
& nun weiß ich die Nacht,
früher habe ich mich nach ihr gesehnt,
nun kenne ich sie & meine Liebe zu ihr
ist jetzt ehrlich,
genau wie meine Liebe zum Licht,
denn eines Tages wird mein Licht zur Nacht werden
aber meine Liebe hat mich jetzt schon gerettet,
und das Tal der Tränen liegt hinter mir,
weit hinter mir
& vergessen werde ich es nie.

Ich darf nicht leben müssen,
sondern das Leben soll aus mir heraus sein,
und es tut weh, mich so sein zu lassen,
aber es könnte gut sein,
und es könnte das Ende sein.

Ich habe nie nur Angst oder nur Lust
immer im Ursprung verwirrend
sein vereint alles
sein aus sich selbst
sein durch sich selbst
einfach vielfach einfach
fallend tiefer und zugleich hinauf
und am Ende bin ich im Ursprung verwirrend
nur ein Gott kann mich heilen oder töten
oder vielleicht doch ich
jedoch nur in Zeitlupe
& das ist die letzte große Entscheidung
zwischen Lust und Angst
im Ursprung verwirrend
einfach.

In Liebe entstanden
entzündete einst ein Sonnenstrahl mein Leben
brennend geht die Jungfrau nun zu ihren Göttern
ohne Angst und ohne Leiden
weil Leben brennt
und Leid ist Leben
aber alles Leben ist nicht Leid
und Thanatos tanzt mit Eros
einen gewaltig sinnlichen Reigen
um das letzte unschuldige Herz
unsere Seele erzeugt unser Leben
und unser Leben ist Wahrheit
am Anfang und am Ende der Reise
steht der weise Narr und tanzt
und weint und lacht und lebt
denn er sucht die Liebe nur dort, wo sie sein kann
ohne Angst und ohne Vorsicht
alles Lieben ist Leben
aber alles Leben ist nicht Lieben
und Eros ringt mit Thanatos
eine sinnlich gewaltige Fehde
um das letzte liebende Herz
unsere Liebe erzeugt unser Sein
und unser Sein ist Liebe & Wahrheit
und so wird auch alles enden
in Liebe mit Liebe.

Wenn mir die Liebe verloren geht,
gehe ich dem Leben verloren.

So wild und doch verloren
in der echten Wildnis
steinern im Schein der mächtigen Welt
und doch so weich die Seele
wie frischer Schnee am Morgen
so klug und weise
und doch so ein großer Narr
unfähig zu leben
unfähig zu lieben
nur fähig zu leiden
und das mit Genuss
und den Genuss bringt Thanatos
nicht plötzlich
nicht ohne Ankündigung
aber sicher
sicher mit Schmerz
doch Schmerz ist Leid
und das ist die Fähigkeit
die mich prägt: Leidenschaftlichkeit
so wild & so leidend & so verloren
und doch so liebend.

Wie soll ich schlafen?
Mit all den Träumen von Kisten voll Fleisch und Knochen
voll mit Blut & Samen
voll mit Haut & Zähnen
wie soll ich schlafen?
Mit all den Bildern von riesigen behaarten Klauenmonstern
mit Bildern von Dämonen & einem Teufel
mit Bildern von Zwergen & vielen Göttern
wie soll ich schlafen?
Mit all den Stimmen
mit all den Schreien
mit all dem Stöhnen & Loben
mit all dem Jubeln & Flehen
an was soll ich denken?
Es gibt nur einen Schlaf mehr für mich.
Tötet mich, aber langsam
bitte, ich liebe diesen Schmerz
meine Träume & Bilder
bringt mir meinen Schlaf
meine Dämonen und Götter
meine Ängste und
wer, wenn nicht ihr
wie, wenn nicht durch mich
wozu, wenn nicht für mich
warum, wenn nicht wegen mir
Angst

Mit jedem Tag weiter
wächst meine Zuversicht
meine Hingabe & Freude
selten so klar und bestimmt
mit jedem Tag weiter
bin ich mir sicherer
und werde ruhiger
selten so entspannt & gelassen
mit jedem Tag weiter
wächst meine Zuversicht
bald zu denken, was nicht gedacht werden darf
bald zu erleben, was nicht erlaubt worden ist
verwelkte Freiheit darbt
im endlichen Laden der Selbstbedienung
schöpfen aus aller Ordnung
um dann plötzlich merkwürdig
woanders einzutauchen
in eine klare, einfache Verwirrung mit System
dorthin, wo der Pfeffer wächst und gedeiht
mit Bestimmtheit und Kontrolle
weil Erwartung zerstörerisch ist
und wegführt vom Paradies
mit jedem Tag weiter.

Die einen denken
die anderen tun
die einen fallen
die anderen kommen heim
die einen lieben
die anderen haben Sex
die einen sind fleißig
die anderen arbeiten
die einen leiden
die anderen haben Schmerzen
die einen sterben ein Leben lang
die anderen sind tot.

Ode an den Tode

Klingt aus dem dunklen Tief empor
der Totenvögel schwarzer Chor
und singt dem toten Fleisch
seine dunklen Lieder vor
ein Grollen erhebt sich von unten her
der Totenvögel großes Heer
beginnt zu offenbaren die traurige Mär
von Angst und Schmerz und Leid
von jeher kein Herz dagegen gefeit
am Ende ist es jeden Herzens letztes Lied
mein Schmerz
meine Lust
in meiner Erinnerung hab ich mich lieb
meine Liebe
mein Tod
die Erinnerung ist alles, was mir blieb
ich war so schön
ich war so lieb
ich habe gegeben
war das das Leben?
Ich war so stark
ich war so wild
ich habe genommen
war das das Leben?
In meinen Armen
die Lust gelegen
in meinen Armen

kein weiteres Leben
der Totenvögel Chor aus dem dunklen Tief
singt nun auch dir
des Herzens letztes Liedlein vor
war es meine Stimme, die dich rief?

Das Ende des Leides

: leben : liebe :

Alles ist eins
und eins ist alles
und das eine ist die Liebe.

Versucht zu ermessen
versucht zu erahnen
versucht zu erfühlen
die Liebe.
Unendlich.

Ein unendliches Puzzle
du und ich finden Teile
wir fügen sie zusammen
wir suchen sie zusammen
und das Schönste ist
es gibt keinen Rand
es gibt das Bild unserer Liebe.

Wenn alles Streben der Perfektion nur gilt,
wer weiß dann noch die Unvollkommenheit?
Nicht davon, sondern hindurch
zur vollkommenen Unvollkommenheit
ihr Lichterspiel, ihre Verlockungen
sind entsetzlich schön.

Lass das trübe Meer hinter dir,
folge mir ins unbekannte Land,
auf der quälenden Suche nach dem Glück,
im Schmerz steckt Lust,
und der Tod in der Liebe,
goldene Zungen weisen den Weg,
reite auf dem Einhorn,
das die Farben der Gerechtigkeit trägt,
ins bodenlose Alles,
in die Fänge des Wolfes,
um uns zu finden
und den Tod der Liebe zu sterben.

Am Meer wird alles eins.
Stein und Wasser
weit und nah
im Meer ist alles eins.
Tod und Leben
Lust und Liebe
fern und hier
am Meer ist alles eins.
Mann und Frau
kalt und heiß
im Wogen der Wellen
alles eins.
Mond und Sonne
im Glitzern des Sandes
im Meer ist alles eins.
Hell und dunkel
dreckig und rein
im Meer ist alles.

Rauschte mir das Blut nie wilder
mit Lust im Sinn
und der Sonne im Rücken.
Gedanken blickten aus mir heraus
und machten mich staunen
rauschte mir das Blut nie wilder
mit Freude im Herzen
und dem Wind im Haar.
Worte sprangen aus mir heraus
und tanzten feurigen Tango mit mir
rauschte mir das Blut nie wilder
mit Liebe am Leben.

Einsam schmerzerfüllt
zarter weißer Vogel Sehnsucht
knackend brach im Finstern sein Genick
knochenblank glitzernd fiel der Staub.
Erinnerung geißelt Herz an Herz
weite Vergessenheit trübes Tal schneidet
nahe Hoffnung beseeltes Land vermisst
toter weißer Vogel Sehnsucht
spielend schien sein Flug
glanzvoll glitzernd fiel die Lust.
Träume erblühten Kopf an Kopf
Ewigkeit in jedem Moment
Wonnefeuer brannten
schmerzerfüllt einsam.

Ich habe keine Angst mehr
werde ich doch noch erwachsen?
Keine Angst zu haben
ist kein euphorisches Gefühl
ist kein Siegesrausch
sondern ein zutiefst zufriedenes
Heimkommen
erwartungsfrei & erlösend
schwereloses leichtes Leben
wie eine Feder schwebend
gelassen akzeptierend, was sein wird,
weil morgen ist heute schon wieder vorbei
egal wie wenig oder wie viel Angst ich habe.

Was fühlst du
bevor du denkst?
Was bist du
bevor du liebst?
Was tust du
bevor du stirbst?

Es gibt Unaussprechliches,
ich kann es vielleicht
in einem gnadenvollen Moment denken,
ich muss es vielleicht
in einem gnadenlosen Moment ertragen,
ich darf es vielleicht
in einem gnadenreichen Moment erleben,
aber ich kann in keinem verdammten Moment
darüber sprechen.
Meine Welt ist die Welt meiner Gedanken.
Ich denke mich.
Meine Gedanken sind meine Welt.
Aber meine Sprache ist nur ein Mundvoll
meiner Gedanken.
Es gibt zu wenig Worte für meine Welt.
Und jetzt kommt Musik in meine gedankenreiche,
wortarme Welt.
Und Musik ist unaussprechlich.
Musik ist tönend, lieblich, verzehrend,
ein Genuss über dem Empfinden,
ein Genuss über den Worten.
Musik ist betörend, zauberhaft, zerreißend,
nahtlos kann ich Töne in ein Alles fühlen,
jedoch vergebens versuche ich
eine Melodie zu erzählen,
in Worte zu fassen, in Gedanken nachzuvollziehen.
Musik ist unaussprechlich.
Aber Musik ist auch Mathematik.

Und Mathematik ist eine logische Sprache.
Also kann Mathematik
auch das Unaussprechliche beschreiben.
Aber kann man darüber sprechen?
Vielleicht in gnadenvollen Augenblicken.

Die übersinnliche Versinnlichung,
die Entwicklung des Geistes zum Erleben,
es gilt auch hier wie bei allem:
die Sehnsucht, der Wunsch, das unstillbare
Verlangen,
den Moment zu verewigen.
Und gerade dabei versagt mein Geist.
Denn beschleunigen nicht
Lust & Genuss die Zeit nur noch mehr?
Je mehr ich genieße,
desto schneller vergeht die Zeit der Lust
und umso stärker wird der Wunsch
nach Verharren in Ekstase.
Unerfüllbar

Nimm die uralten Zeichen wieder auf
ich habe sie gesehen
folge den ewigen Gesängen
ich habe sie gehört
durch das endlose Tal der Lust
hinauf zum ewigen Gipfel des Schmerzes
und auch, wenn du nur zu wissen glaubst
und auch, wenn du nur zu hoffen wagst
sei dir gewiss
es kann nur eine Erlösung geben
freue dich, dass sie dir vergönnt sein wird
mein Schicksal bricht hier
ich bin ein misslungener Engel
darum bete für mich
jedes Beten braucht ein Ziel
jedes Spiel braucht ein Ziel
aber alle Spiele beinhalten das Prinzip des Todes:
einer wird verlieren
ich bin ein misslungener Engel
nimm mich als das Gegenteil dessen
was du sein willst
und bete
bete für dich, dass es nicht eintrifft
dann werden Heere von Göttern mit dir streiten
für wen es sich zu sterben lohnt
in diesem tödlichen Spiel
in dem nur Engel bestehen.

Im Spiegel meiner Seele
bricht sich oft das Licht
meines Herzens Licht
und wird zurückgesandt
an den Ursprung meiner Träume
und beleuchtet dann mein Herz
unbeschwertes Leben
sich ausbreitend, schier über die Grenzen
meines Seins hinauswachsend
liegt alles so saftig & erfrischend
wachsend & atmend
im Gewahrsein seiner Vielfalt
und wandelt sich unmerklich
zu meinem nächsten Sein
anschwellend, wild & ungestüm
einem Feuer gleich, das nicht verbrennt
sondern wachsen macht
einem roten & wilden Feuer gleich
das nicht verschlingt, sondern gebiert
das pulsiert, schier über die Grenzen
meines Seins hinaus greift
weiter davon will
und dann lebt alles in diesem Feurigpochenden
das sich aber unmerklich wandelt
zu meinem nächsten Sein
sanft und ruhig
im Gewahrsein des Alles & Nichts
durchdringt es auch alles & nichts
und leuchtet von innen, strahlt einfach
und kristallern hält dieses Licht, dieses Leben

für eine kurze Ewigkeit inne
verharrt in diesem seligen Zustand
und dann wandelt sich alles plötzlich
für einen kurzen Moment in Schwarz & Weiß
keine Farbe mehr, nur mehr Schattierungen
und dann endlich zerbricht der Spiegel
und die Scherben fliegen durch die Zeit
doch jede Scherbe spiegelt
wider einen Teil meiner Erinnerung
und mein Herz schlägt weiter.

Teufelsdreiklang

Dein weiches Lächeln, so lieb
deine Abenteuerlust, so weit
dein Stolz, so mächtig und groß
so gerne spüre ich dich
deine Lenden, so zart und geschmeidig
dein Mund, so feucht und fordernd
haucht liebliche Worte mir ins Ohr
deine Augen, so feurig und verführend
blicken mir tief in die Seele
du entdeckst mir alle Lust
du zeigst mir alle verbotenen Plätze
du führst mich so weit
so sehr sehne ich mich nach dir
so sehr begehre ich dich
so sehr will ich dich
wann kommst du wieder?
Wie ist dein Name?
Du bist die Essenz des Lichts,
die mein Auge blendet
du bist der Teufelsdreiklang,
der mein Ohr durchdringt
du bist die nicht wohltemperierte Hand,
die nach meinem Herzen greift
du bist meine Ewigkeit,
mein Anfang und mein Ende
wann kommst du wieder?
Suchst du mich oder suche ich dich?
Wer findet wen?
Wann kommst du wieder?
Jetzt, ja jetzt spüre ich dich

unter meiner Haut kriechst du lustvoll
gibst mir Kraft
machst mir Wonne und Lust
dein Sex macht mich rasend
deine Wut lähmt mich, in Ekstase glühend
du bist mein Ende
wie ist dein Name?
Du bist mein Anfang
wie ist dein Name?
In meinen Venen fließt du
in meinen Adern pulsierst du
in meinen Gedanken treibst du wilde Blüten
du, du bist ich
wenn ich in den Spiegel blicke, dann sehe ich dich
wenn ich meine Stimme höre, dann sprichst du
wenn ich mich berühre, dann fühle ich dich
ich bin du
wie ist dein Name?
Ich bin alles, was du warst
ich werde alles sein, was du bist
ich werde gewesen sein, was du sein wirst
der Teufelsdreiklang in Ewigkeit.

Das Leben in der Großstadt
gleicht dem auf einem Friedhof
nur zu alten Riten kommen die Lebenden zusammen
und huldigen dem Tod
schwermütige Kreise zieht
die Erinnerung auf weißem Kies
Stein an Stein ruhen Gedenken & Trauer & Schmerz
und im Zentrum?
Lust & Sex
ans Kreuz genagelt als Sinnbild des Verzichts
und errichtet aus Scham vor der Begierde
mitternächtliche wilde Tänze erwecken
die alten Weisen & Geister & Seelen
auf dass am Morgen alles wieder so scheine,
als sei nichts gewesen
die entfesselten Blütenblätter der Nacht
wird der Wind zerstreuen
und die in Lust geopferten Blutstropfen
wird der Regen verwaschen
und so bleiben keine Spuren
nur Erinnerungen
was für ein Leben in der Großstadt
was für ein Leiden in der Großstadt
die Toten leben hier schnell
jede Stadt braucht Wachstum
und frisst sich dabei selbst auf
wie ein Krebsgeschwür
wachsen, um sterben zu können
und zurück bleiben Gedenkstätten,
Asche & Blütenblätter, Blut & Schreie

und die Schreie locken
wieder Frischfleisch in die Straßen
und die Straßen sind ewige Stätten der Sterblichkeit
und wenn die Stadt stärker wird
ist sie wie ein wahnsinniger Löwe
schön anzusehen & tödlich
und so erhalte ich die letzte Vision
zerfetzt von den Pranken & entblößt
in den schönen Ruinen
und mitternachts tanze ich
um das selige Symbol meines Lebens
vielleicht wenn ich betrunken bin auf einem Friedhof
aber auf jeden Fall in der Großstadt.

Im Schaffen aufgehen
heißt sich vollends einbringen
mit allen Fähigkeiten
mit aller Unvollständigkeit
mit aller Liebe
einfach mit allem
eins werden mit dem zu Schaffenden
darin aufgehen und hineinsterben.
Bisher war jedes Schaffen nur ein kleiner Tod
bis ich mein Meisterwerk schaffe und darin sterbe
das ist dann vollkommen.

Am Nachthimmel eine helle Ahnung sein
sanft schwebend von Sternenwinden getragen
und den Umlauf der Gestirne begleitend
einfach leicht sein
schwerelos mit der Bestimmung zu schweben
einfach frei sein
im weiten Meer eine klare Idee sein
schnell steigend von Strömungen getragen
und das Werden der Gezeiten begleitend
einfach leicht sein
schwerelos mit der Bestimmung zu steigen
einfach frei sein
in der Unendlichkeit ein schöner Traum sein
langsam sich formend von Zeiten getragen
und das Wachsen der Welten begleitend
einfach leicht sein
schwerelos mit der Bestimmung zu werden
im Leben die befreite Liebe sein
gefühlvoll werdend von Herzen getragen
und das Lieben begleitend
einfach leicht sein
zärtlich mit der Bestimmung zu sein
einfach sein

Manchmal beschleicht mich das Gefühl,
es ist nichts mehr,
aber es ist immer etwas,
ich habe nur den Blick dafür verloren.
Und jetzt kommt die Freude zurück,
nicht mächtig und überwältigend,
sondern fein und klein,
gerade noch spürbar,
so, dass sie mir ein feines Lächeln malt.

Du hast nur ein Leben.
Liebe es.

Wolken ziehen über den Sand
die Sonne brennt
eine Schlange schwimmt
durch ein elfenbeinfarbenes Meer
und ein Rabe fliegt in die Sonne
und verbrennt
ein Sog entsteht
eine Welt öffnet sich
wird geboren unter Schmerzen
ein Himmel bricht
und Angst wächst
magisch
wenn Raum und Zeit aufhören zu wirken
dann bleibt nur mehr deine Seele
im Kreis deiner Freunde
jage den Raben
in deine todbringende Sonne
und tanze mit ihr bis zum Untergang
in Blut und Honig.

Geliebt werden, weil man ist, was man ist,
& lieben, weil man sein kann, was sein kann.

Zu sein
ist oft nicht schwer
und oft nicht einfach, aber sehr
zu sein
ist oft eine Lust
und oft einfach nur Frust
zu sein
ist oft nicht einfach
sondern vielfach.

In der Einsamkeit
ist nichts so,
wie es früher war,
und die Erinnerung
steckt wie ein Stachel mir im Herzen
und lässt mich spüren unter Schmerzen,
wie es früher war
ohne Einsamkeit.

Wenn Herzen weinen
fließen rote Tränen hemmungslos
ist der Seele Kraft erschöpft
rote Tränen leidenschaftlich schmerzen
lassen sich nicht trocknen
brennen ewig
wenn Herzen weinen
fließen rote Tränen.

Dich zu lieben ist alles,
von dir geliebt zu werden,
noch viel mehr.

Das Leben ist ein Geschenk,
ein Geschenk, das du dir selber machst.
Du kannst es öffnen
und freudig mit seinen Inhalten spielen,
und du kannst immer wieder spielen.
Aber du kannst es auch niemals öffnen,
immer ängstlich davor sitzen,
weil du nicht weißt, was du verpackt hast,
und nicht weißt, was es bringen wird,
und einmal geöffnet ist für immer offen,
aber einmal öffnen bedeutet auch,
zu erfahren, was drinnen ist.
Und wer sagt, dass man nicht ein Neues
und noch ein Neues packen kann …
Ich bin fürs Öffnen.

Nur durch Denken zum Sinn
zu gelangen geht nicht
nur durch Leben zum Sinn zu gelangen geht nicht
nur durch Leiden zum Sinn zu gelangen geht nicht
du kannst den Sinn schaffen
du kannst das Leid akzeptieren
du kannst das Denken machen
du kannst im Wollen sein
denn nur im Sein liegt dein Sinn
und dein Wollen ist alles.

Was ist die Bedeutung?
Ist es Vertrauen?
Ist es Zuneigung?
Sind wir nicht nur ein Spielball
eine Feder im Wind des Schicksals
getragen und getrieben von Kräften
die wir nicht ahnen
ein Tag erscheint wie ein Feuerwerk
und war doch nur ein kurzes letztes Aufflackern
ein Tag wirkt wie ein Orkan
und war doch nur ein laues Lüftchen
was ist die Bedeutung?
Als blinder Schlafwandler
den rechten Pfad zu suchen?
Ich kann nicht sehen, ich kann nicht denken
ich kann nicht hören, ich kann nicht fühlen
alles an mir ist kalt, in sich selbst gekehrt
nach außen hin abgekapselt und scheinbar tot
doch weiß ich, innerlich lebe ich
wird jemals jemand diese Welt betreten?
Wird jemals jemand einen Blick hineinwerfen?
Was ist die Bedeutung?
Ist es Gram?
Ist es Verzweiflung?
Bin ich nur eine Spielfigur?
Ohne Leben ohne Willen
mit einem Sinn, den ich nicht ermessen kann
bin ich aus Holz mit einer Kugel als Kopf
und einem Kegel als Körper
darf immer nur ein Feld ziehen

und meine Bestimmung sei:
zu sterben für das höhere Ziel
das ich nicht kenne
was ist die Bedeutung?
Reicht mein Blick nicht aus
reicht mein Verstand nicht aus
reicht mein Herz nicht aus
reicht mein Leben nicht aus
um die Bedeutung zu erfahren
und wenn ich die Bedeutung bin?
Habe ich mich dann vergeudet
auf der Suche nach der anderen Bedeutung
habe ich mich übersehen
habe ich mich verloren
ohne je gefunden zu haben
wo war ich außer mit mir?
Wer war ich außer mir
war es Sinn, hatte es Bedeutung?
Oder ging blindlings ich den Pfad
des Schlafwandlers, ohne je erwacht zu sein.

Mein Bekenntnis:
ich bin nicht stark, weil ich meine Schwächen weiß,
ich bin nicht unfehlbar, weil ich meine Irrtümer liebe,
ich bin nicht hart, weil ich meine Fehler respektiere,
ich habe nichts unter Kontrolle, weil ich weiß,
dass ich niemals alles kontrollieren kann,
ich will nicht alles, ich will nur immer etwas mehr,
ich bin nicht chaotisch,
ich akzeptiere nur mein Chaos,
ich mache nichts gezwungen, sondern weil ich will,
ich will zwar immer mehr, als ich kann,
nehme aber jedes Werden als Erfüllung an
und nicht das Nichterlangen als Verfehlung,
das alles mache ich oft so,
aber manchmal mache ich auch das Gegenteil
von alledem,
einfach so,
und es ist gut so.

Da ist etwas
ich weiß es nicht
ich spüre nur die Folgen
es brennt
wenn ich es finden muss
ist selbst die Suche sinnlos
wenn ich es aber finden will
wird die Suche selbst zum Sinn.

In Gold von Geburt an gestorben
weit über jede Zeit hinaus
nicht nur am Tage hinüber, weit, fern der Zeit
ganz davon dann, die Flüsse fließen weiter ab,
wild hinab, ins Innere der hohen See
weit und doch bergab, in mein Auge
hinein fließt ihr Licht nicht nur am Tage
in den Blick, der dann zum Zorn wurde
nicht nur am Tage
die goldene Geburt war die Erfüllung des Todes.
Ein Stück, weise weiter in die Richtung allen Endes
ohne ihren Zorn kein Wachsen
ohne ihre Kraft kein Sterben
Augendienerei, mit jedem Tun, weiter
mehr Zauberei als Wahnsinn,
mit jedem Denken, zurück
nicht nur am Tage
in Gold am Himmel steht ihr Schein
weiter und dahinter nichts
die Frucht des Auges als Arena
weiter und hinauf zum Eigentlichen
ganz darin, der Horror der Übersetzung
gezeugt zwar in goldener Absicht
doch verdorben am Weg zum Ziel
alles Schicksal endet
nicht nur am Tage
von Geburt an.

Ich saß einer Frau gegenüber,
sie hielt sich ihren Kopf und wirkte traurig,
dann nahm sie ein Taschentuch
und drückte eine Träne hinein,
ich wusste nichts, aber ich spürte,
ich kämpfte, hatte Angst
und dann bot ich ihr sanft lächelnd mein Taschentuch
und sie lehnte dankend ab,
aber sie lächelte,
ich glaube, ein Lächeln kann die Menschheit retten.

Du bist meine Liebe
du bist mein Anfang, mein Ende
du bist meine Erfüllung
du bist mein Leben, mein Sterben
du bist meine Leidenschaft
du bist meine Liebe
du bist meine Hingabe, mein Verlangen
du bist meine Kraft
du bist meine Liebe
du bist mein Sein, mein Werden
du bist mein Engel
du bist meine Liebe.

Lies das Leben, als sei es ein Buch
freu dich am Beginn
freu dich auf jede neue Seite
sei neugierig, was passiert
trage auch traurige Momente
mit der wunderbaren Würde der einfachen Einsicht
schätze jedes Wort
lass Leidenschaft sich entwickeln
genieße die Lust und
freu dich lustig am Genuss
sei gespannt auf das Ende
lies das Leben
als sei es ein Buch
ein gutes, und glaube an das, was du tust.

Kann die Seele zerbrechen?
Wer kann die Seele brechen?
Ist Handeln Verantwortung?
Verantwortung gegenüber wem?
Deiner Seele? Aller Seelen?
Wer kann die Seele brechen?
Jeder, den du liebst.

Dieses Gehaltenwerden,
dieses Spüren einer Verbindung
einer Verbindung, die sich nicht in Worte fassen lässt,
diese Ehrlichkeit, die manchmal wehtun kann,
dieses Vertrauen, das Kraft gibt,
dieses Fühlen, das nicht greifbar wird,
was ist das?

Ein Licht empfangen ist Glück.
Ein Licht schicken ist Liebe.

Das Ende der Liebe

: leben : lust : leid : liebe :

einfach sein

Der Autor

Andreas Stefan Thürnbeck, Jahrgang 1973, ist geboren und aufgewachsen in St. Andrä am Zicksee im Burgenland. Seit 2007 ist er mit Barbara verheiratet. Er studierte Publizistik- und Kommunikationswissenschaften und arbeitet als Gestalter von Texten und Präsentationen in Wien. Seit 1990 schreibt Thürnbeck Gedichte, Aphorismen & Kurzgeschichten.

novum 🕮 EIN HERZ FÜR AUTOREN

Der Verlag

Der im österreichischen Neckenmarkt beheimatete, einzigartige und mehrfach prämierte Verlag konzentriert sich speziell auf die Gruppe der Erstautoren.
Die Bücher bilden ein breites Spektrum der aktuellen Literaturszene ab und werden in den Ländern Deutschland, Österreich, Schweiz und Ungarn publiziert.
Das Verlagsprogramm steht für aktuelle Entwicklungen am Buchmarkt und spricht breite Leserschichten an. Jedes Buch und jeder Autor werden herzlich von den Verlagsmitarbeitern betreut und entwickelt.
Mit der Reihe „Schüler gestalten selbst ihr Buch" betreibt der Verlag eine erfolgreiche Lese- und Schreibförderung.

Manuskripte herzlich willkommen!

novum publishing gmbh
Rathausgasse 73 · A-7311 Neckenmarkt
Tel: +43 2610 43111 · Fax: +43 2610 43111 28
Internet: office@novumpro.com · www.novumpro.com

AUSTRIA · GERMANY · SWITZERLAND · HUNGARY